Bilderklavier
Piano à images
Piano Pictures

Hexen, Feen und Gespenster
28 fantastische und schaurige Klavierstücke für Kinder
Witches, Fairies and Ghosts
28 Fantastic and Spooky Piano Pieces for Children
Sorcières, fées et fantômes
28 Pièces fantastiques et à faire frémir pour les enfants

Herausgegeben von / Edited by / Edité par
Monika Twelsiek

Mit Illustrationen von / Illustrations by
Leopé

ED 20321
ISMN M-001-15052-1

Mainz · London · Berlin · Madrid · New York · Paris · Prague · Tokyo · Toronto
© 2008 SCHOTT MUSIC GmbH & Co. KG, Mainz Printed in Germany

Liebe Klavierspielerin, lieber Klavierspieler,

sicher kennst du Märchen und Geschichten, in denen unglaubliche Dinge passieren: Menschen werden verzaubert, Tiere können sprechen, und man trifft dort seltsame Wesen: Hexen und Zauberer, Zwerge und Riesen, Elfen und Feen, Geister und Gespenster. Sie alle kannst du mit deinem BILDERKLAVIER in Tönen malen.

Vielleicht hast du schon einmal selbst eine Fantasie-Geschichte erfunden oder dich bei einem unheimlichen Schauermärchen gegrault. Wünschst du dir manchmal, ein Prinz oder eine Prinzessin zu sein, eine Hexe oder ein Zauberer, ein Supermann oder eine Superfrau mit magischen Kräften?

Wenn du die Stücke in diesem Heft spielst, wird dein Bilderklavier zum Zauberklavier: Es erzählt fantastische und schaurige Geschichten, und du verwandelst dich mit dem klingenden Zauberstab: Du kannst als Fee Wünsche erfüllen, die Marsbewohner tanzen lassen oder dich in der Höhle, im Gebirge, im Zauberwald richtig schön gruseln.

Viel Spaß beim Zaubern am Klavier wünscht
Monika Twelsiek

Dear pianist,

I'm sure you know some fairy tales and stories where unbelievable things happen: people have spells cast on them, animals can talk and you meet strange creatures there - witches and wizards, dwarves and giants, elves and fairies, spirits and ghosts.

You may even have invented a magical adventure yourself or been scared by a creepy horror story. Do you sometimes wish you were a prince or a princess, a witch or a wizard, a superman or superwoman with magical powers?

When you play the pieces in this book your piano will become a magical instrument, telling spellbinding and spooky stories as you transform yourself with the tinkling of your magic wand: you can become a fairy who makes wishes come true, make Martians dance or revel in scary stories of caves, mountains or a magic forest.

Have fun casting spells on the piano!
Monika Twelsiek

Chère pianiste, cher pianiste,

Tu connais certainement des contes et des histoires dans lesquels il se passe des choses incroyables : il y a des gens ensorcelés, les animaux parlent, et on y rencontre des êtres étranges – des sorcières et des magiciens, des nains et des géants, des elfes et des fées, des esprits et des fantômes. Tout cela, tu peux le peindre par les notes avec ton PIANO A IMAGES.

Peut-être as-tu un jour inventé toi-même une histoire fantastique, ou bien tu as eu peur à cause d'un conte effrayant. Souhaites-tu parfois être un prince ou une princesse, une sorcière ou un magicien, un héros ou une héroïne aux pouvoirs magiques ?

Lorsque tu joueras les morceaux de ce recueil, ton piano à images deviendra un piano magique : il te racontera des histoires fantastiques et à faire frémir, et cette baguette magique sonore te permettra de te transformer. Tu pourras ainsi devenir une fée qui exauce tous les vœux, faire danser les martiens ou frissonner d'épouvante dans la caverne, en montagne, ou dans la forêt enchantée.

Amuse-toi bien !
Monika Twelsiek

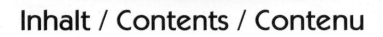

Inhalt / Contents / Contenu

Ein kleines Märchen
A little Fairy Tale / Un petit conte de fées

Alexander Gretchaninoff
1864–1956

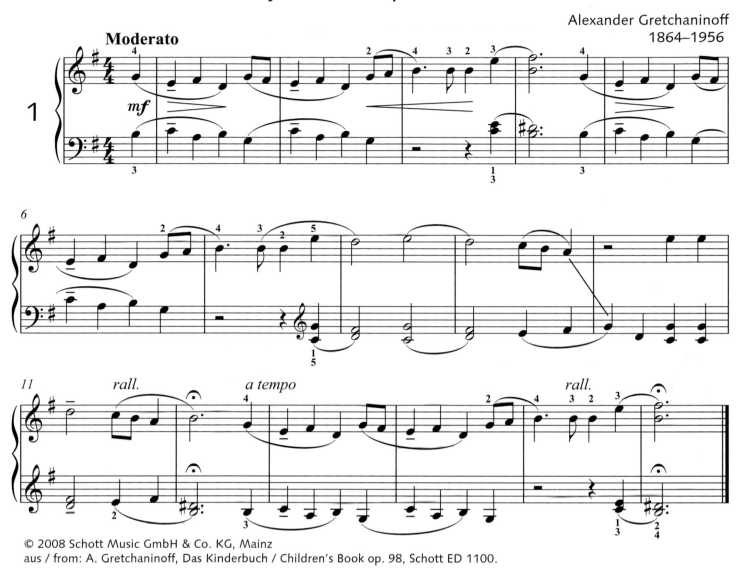

aus / from: A. Gretchaninoff, Das Kinderbuch / Children's Book op. 98, Schott ED 1100.

Gute-Nacht-Geschichte
Bedtime Story / Histoire avant de dormir

Aram Chatschaturjan
1903–1978

Ein Märchen
A Fairy Tale / Un conte de fées

Dmitri Kabalewski
1904–1987

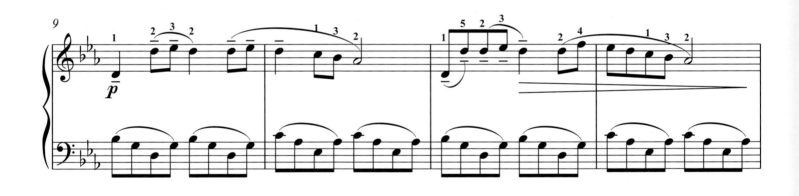

Die Hexe
The Witch / La sorcière

Alec Rowley
1892–1958

Die Fee
Fairy / La fée

Alec Rowley
1892–1958

Der Menschenfresser
Ogre / L'ogre

Alec Rowley
1892–1958

(growlingly/brüllend)

Die Feenkönigin
The Fairy Queen / La reine des fées

Georges Frank Humbert
1892–1958

12

Sonnenaufgang im Feenland
Sunrise in Fairyland / Lever du soleil dans le pays des fées

Bright and clear / Hell und klar ♩. = 56

Now the elves and goblins go to sleep
Elfen und Zwerge gehen nun schlafen

David Dushkin
1898–1986

and in the bright gold light appears the castle of the Fairy Queen.
und im hellen, goldenen Licht erscheint das Schloss der Feenkönigin.

Birds twitter, fairies flit about
Vögel zwitschern, Feen huschen umher

and all is well.
und alles ist gut.

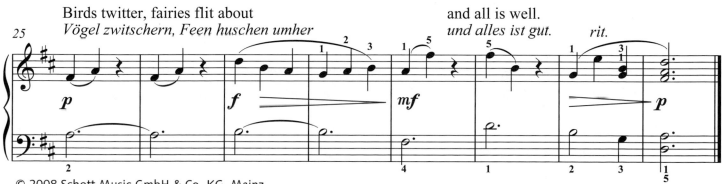

© 2008 Schott Music GmbH & Co. KG, Mainz
aus / from: D. Dushkin, Piano Stories, Schott ED 1289.

Nächtliche Reise
Night Journey / Voyage nocturne

Cornelius Gurlitt
1820–1901

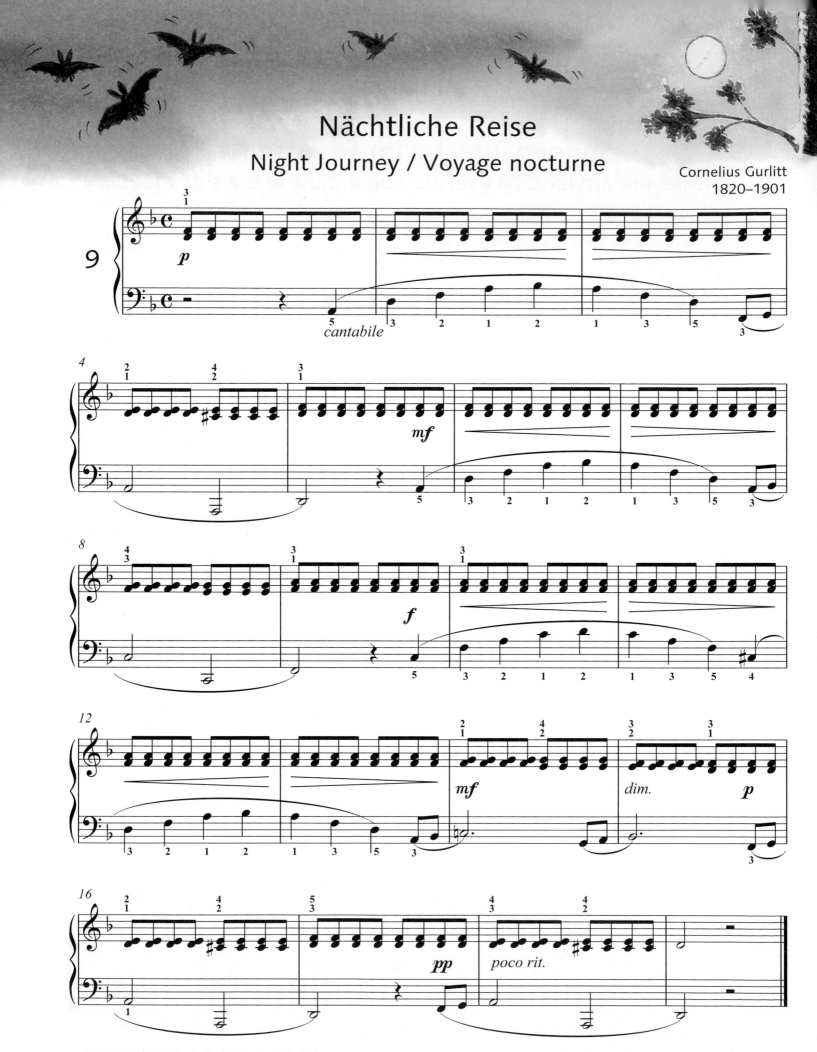

Eine schreckliche Begebenheit

A Terrible Event / Un événement épouvantable

Alexander Gretchaninoff
1864–1956

aus / from: A. Gretchaninoff, Das Kinderbuch / Children's Book op. 98, Schott ED 1100.

15

Kriminalmusik
Criminal Music / Musique policière

Mike Schoenmehl
*1957

An der lautesten Stelle fällt ein Schuss. Wo ist diese Stelle? /
When the music is loudest, a shot is fired. Where does this occur?

aus / from: M. Schoenmehl, Little Stories in Jazz, Schott ED 7186.

Tanz der Marsbewohner
Dance of the Martians / Danse des Martiens

Mike Schoenmehl
*1957

Tanzende Gespenster
Dancing Ghosts / Des fantômes dansants

Mike Schoenmehl
*1957

Im Lande der Riesen
In the Land of the Giants / Au pays des géants

István Szelényi
1904–1972

20

Däumelinchen

Thumbelina / La petite poucette

Sofia Gubaidulina
*1931

Elfentanz
Fairy-dance / Danse des sylphes

Edvard Grieg
1843–1907

Molto allegro e sempre staccato

Rumpelstilzchen
Rumpelstiltskin / Le lutin

Allegro assai e marcato

sempre non legato

Karl-Heinz Pick
*1929

senza Ped.

Feenreigen-Walzer
Fairy Round Dance Waltz / La valse de la ronde des fées

Theodor Oesten
1813–1870

Der verzauberte Zwerg erwacht

The Bewitched Dwarf Awakens / Le nain ensorcelé s'éveille

Rainer Mohrs
*1953

Die Prinzessin auf der Erbse
The Princess with the Pea / La princesse au petit pois

Serge Bortkiewicz
1877–1952

Die Prinzessin kann nicht schlafen.
La princesse ne peut pas dormir. *The princess cannot sleep.*

Das Zauberkarussell
Magic Roundabout / Le manège magique

Sofia Gubaidulina
*1931

33

Im Zauberschlösschen

In the Enchanted Palace / Dans le château enchanté

Heitor Villa-Lobos
1887–1959

Movimento di Minuetto

34

Echo im Gebirge
Mountain Echo / Echo en montagne

Wassil Kasandjiev
*1934

Im Walde
In the Wood / Au bois

Paul Zilcher
1855–1943

In der Höhle

In the Cave / Dans la caverne

Hermann Regner
*1928

Liberamente

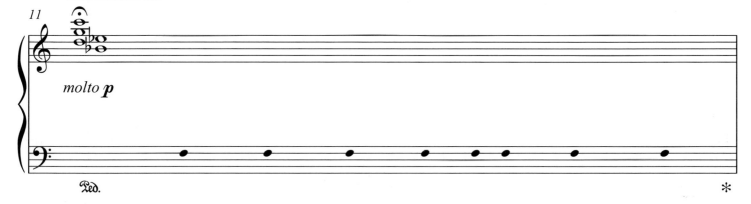

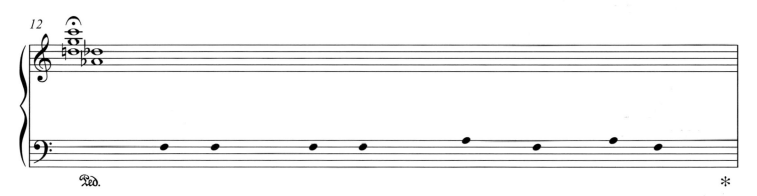

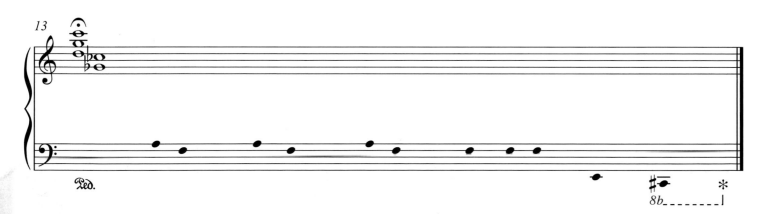

* Der Abstand zwischen den Noten bedeutet relative Zeit. Wenn sie eng beieinander stehen, folgen sie schnell aufeinander;
  sind sie weiter voneinander entfernt notiert, folgen sie langsamer nacheinander.
* The distance between the notes indicates the relative time. If the notes are close to each other they follow quickly one after the other;
  if they are further apart they follow each other more slowly.
* La distance entre les notes représente le temps relatif. Si elles sont proches l'une de l'autre, elles se suivent rapidement;
  si elles sont plus espacées, elles se suivent plus lentement.

Ballade

Ballad / Ballade

Friedrich Burgmüller
1806–1874

Allegro con brio (♪. = 104)

aus / from: F. Burgmüller, 25 Etüden op. 100, Schott ED 173.

Nächtlicher Vorfall
Nightly Event / Evénement nocturne

Alexander Gretchaninoff
1864–1956

Fürchtenmachen
Frightening / Effrayant

Robert Schumann
1810–1856

* Clara Schumann ♩ = 108

Mein(e) Lieblingsstück(e) /
My favourite piece(s) /
Mon/mes morceau(x) préféré(s) :

_____

_____

_____

_____

_____

Eine Fee, ein Monster oder ein anderes fantastisches Wesen (Foto oder gemalt):

A fairy, a monster or another imaginary creature (photo or painting):

Une fée, un monstre, ou un autre être fantastique (en photo ou dessiné):